AF284852

المدرسة - shkolla — 2
سفر - udhëtim — 5
نقل - transport — 8
مدينة - qytet — 10
طبيعة ريفية - peisazh — 14
مطعم - restorant — 17
سوبرماركت - supermarket — 20
مشروبات - pije — 22
طعام - ushqim — 23
مزرعة - fermë — 27
بيت - shtëpi — 31
غرفة جلوس - dhomë ndenjeje — 33
مطبخ - kuzhinë — 35
الحمّام - tualet — 38
غرفة الأطفال - dhomë fëmijësh — 42
ثياب - veshje — 44
مكتب - zyrë — 49
اقتصاد - ekonomi — 51
المهن - profesionet — 53
عدة عمل - mjete — 56
آلات موسيقية - instrumenta muzikorë — 57
حديقة حيوانات - kopsht zoologjik — 59
رياضة - sportet — 62
نشاطات - aktivitet — 63
عائلة - familje — 67
الجسم - trupi — 68
المستشفى - spital — 72
حالة - emergjencë — 76
أرض - toka — 77
ساعة - orë — 79
أسبوع - javë — 80
سنة - vit — 81
أشكال - forma — 83
ألوان - ngjyra — 84
الأضداد - të kundërta — 85
أرقام - numra — 88
اللغات - gjuhët — 90
من / ماذا / كيف - kush / çfarë / si — 91
أين - ku — 92

Impressum
Verlag: BABADADA GmbH, Nedderfeld 112 , 22529 Hamburg
Geschäftsführer / Verlagsleitung: Harald Hof
Druck: Books on Demand GmbH, In de Tarpen 42, 22848 Norderstedt

Imprint
Publisher: BABADADA GmbH, Nedderfeld 112 , 22529 Hamburg, Germany
Managing Director / Publishing direction: Harald Hof
Print: Books on Demand GmbH, In de Tarpen 42, 22848 Norderstedt, Germany

المدرسة

shkolla

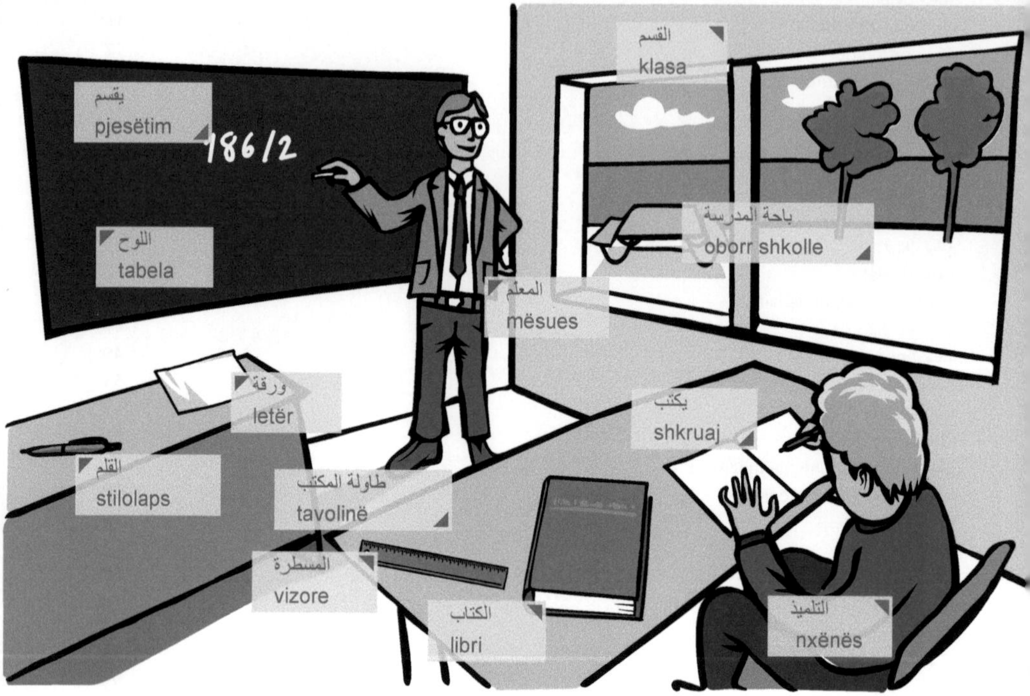

القسم
klasa
يقسم
pjesëtim
186/2
باحة المدرسة
oborr shkolle
اللوح
tabela
المعلم
mësues
ورقة
letër
يكتب
shkruaj
القلم
stilolaps
طاولة المكتب
tavolinë
المسطرة
vizore
الكتاب
libri
التلميذ
nxënës

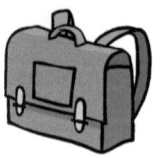

الحقيبة المدرسية
....
çantë

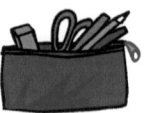

المقلمة
....
mbajtëse lapsash

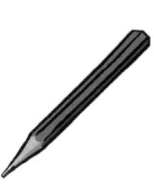

قلم الرصاص
....
laps

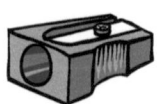

البرّاية
....
mprehës lapsash

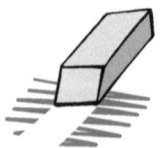

الممحاة
....
gomë

دفتر الرسم
....
fletore vizatimi

الرسمة

vizatim

الفرشاة

penel

علبة التلوين

kuti bojërash

المقص

gërshërë

المادة اللاصقة

ngjitës

دفتر التمارين

fletore detyrash

الواجب المدرسي

detyrë shtëpie

12

الرقم

numër

2+2

يجمع

mbledh

5-2

يطرح

zbres

2×2

يضرب

shumëzoj

يحسب

llogaris

A

الحرف

gërmë

ABCDEFG
HIJKLMN
OPQRSTU
VWXYZ

الأبجدية

alfabeti

hello

كلمة

fjalë

النص
....
tekst

يقرأ
....
lexoj

الطبشور
....
shkumës

الحصة
....
mësim

دفتر الدوام المدرسي
....
regjistër

الامتحان
....
provim

شهادة
....
çertifikatë

اللباس المدرسي
....
uniformë shkolle

التعليم
....
arsimim

الموسوعة
....
enciklopedia

الجامعة
....
universitet

المجهر
....
mikroskop

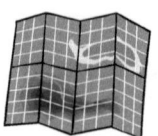

الخريطة
....
hartë

قماما
....
kosh letrash

سفر

udhëtim

فندق
hotel
Grand
بيت الشباب
bujtinë
ROOMS
مكتب صرافة
pikë këmbimi valutor
EXCHANGE
حقيبة
valixhe
سيارة
makinë

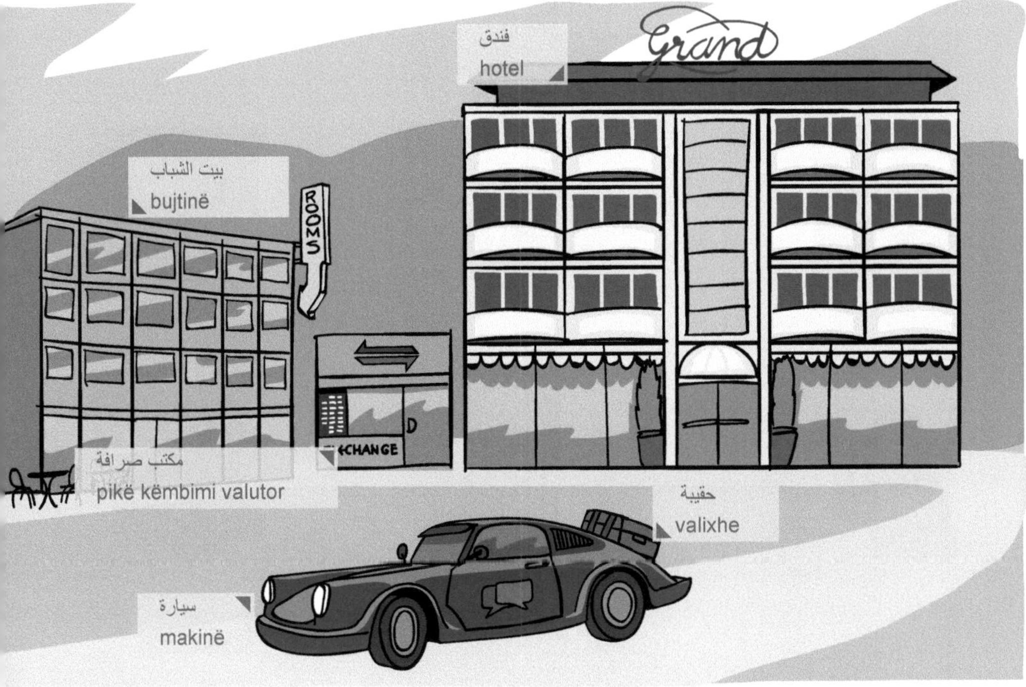

اللغة

gjuhë

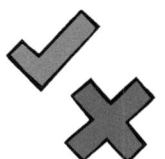

نعم / لا

po / jo

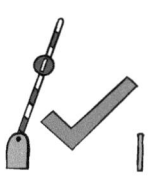

حسناً

Në rregull

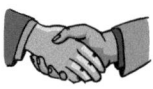

مرحباً

ç'kemi

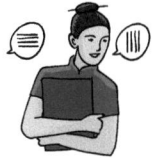

مترجم

përkthyes

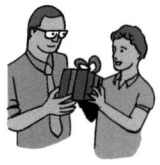

شكراً

Faleminderit

كم ثمن ... ؟

sa kushton...?

لا أفهم

nuk e kuptoj

مشكلة

problem

مساء الخير

Mirëmbrëma!

صباح الخير!

Mirëmëngjes!

ليلة سعيدة

Natën e mirë!

إلى اللقاء

mirupafshim

اتجاه

drejtim

أمتعة السفر

bagazhet

حقيبة

çantë

حقيبة ظهر

çantë shpine

ضيف

mysafir

غرفة

dhomë

كيس للنوم

thes gjumi

خيمة

tendë

استعلامات سياحية

informacion për turistët

شاطئ

plazh

بطاقة انتمان

kartë krediti

إفطار

mëngjes

طعام الغداء

drekë

العشاء

darkë

بطاقة سفر

Biletë

مصعد

ashensor

طابع بريدي

pulla

حدود

kufi

الجمارك

doganë

سفارة

ambasadë

تأشيرة

vizë

جواز سفر

pasaportë

نقل

transport

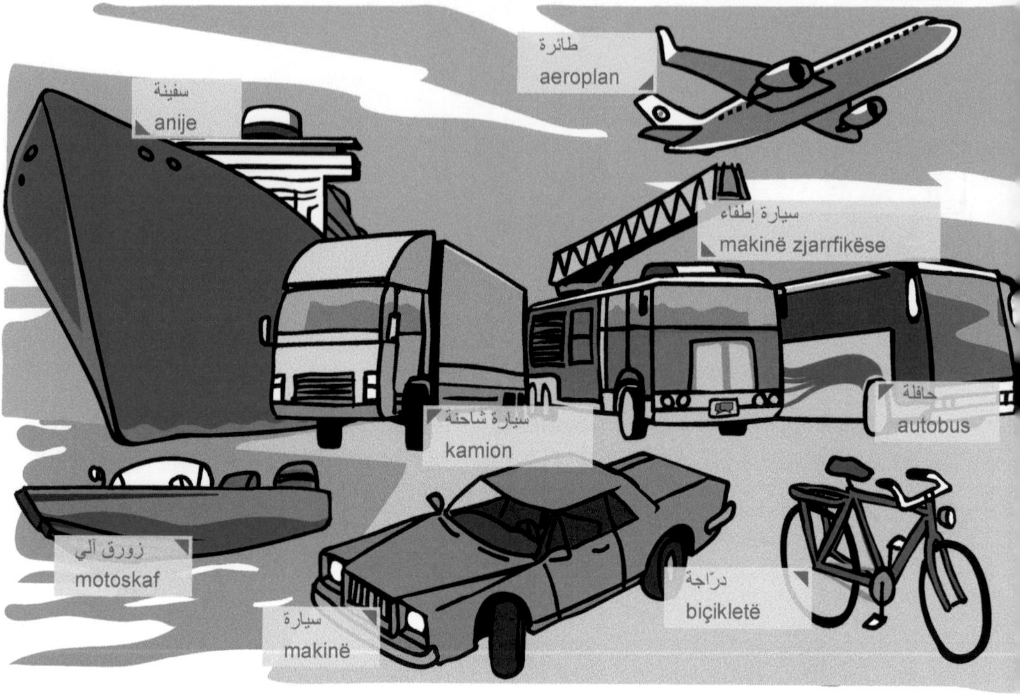
طائرة
aeroplan
سفينة
anije
سيارة إطفاء
makinë zjarrfikëse
سيارة شاحنة
kamion
حافلة
autobus
زورق آلي
motoskaf
سيارة
makinë
درّاجة
biçikletë

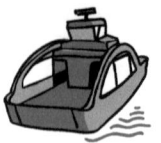

عبارة
....
traget

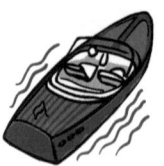

قارب
....
varkë

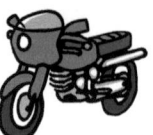

دراجة نارية
....
motoçikletë

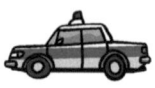

سيارة شرطة
....
makinë policie

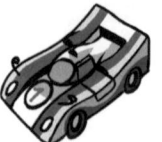

سيارة سباق
....
makinë garash

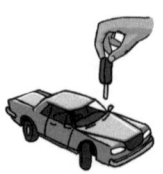

سيارة مستأجرة
....
makinë me qira

أسلوب تشاركي في استئجار السيارات

ndarje e qirasë së makinës

سيارة للجر

karroatrec

سيارة نقل القمامة

makinë plehrash

محرك

motor

وقود

benzinë

محطة وقود

pikë karburanti

إشارة مرور

sinjalistikë trafiku

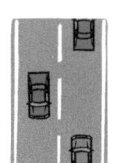

حركة السير

trafik

ازدحام سير

bllokim trafiku

موقف سيارات

parkim makinash

محطة قطار

stacion treni

سكك حديدية

trase

قطار

tren

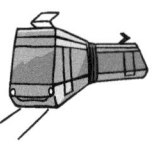

ترام

tramvaj

عربة قطار

karro

طائرة مروحية

helikopter

مطار

aeroport

برج

kullë

مسافر

pasagjer

حاوية

kontenier

علبة كرتون

kuti kartoni

عربة يد

qerre

سلّة

shportë

يقلع / يهبط

ngrihem / ulem

مدينة

qytet

قرية

fshat

مركز المدينة

qendra e qytetit

بيت

shtëpi

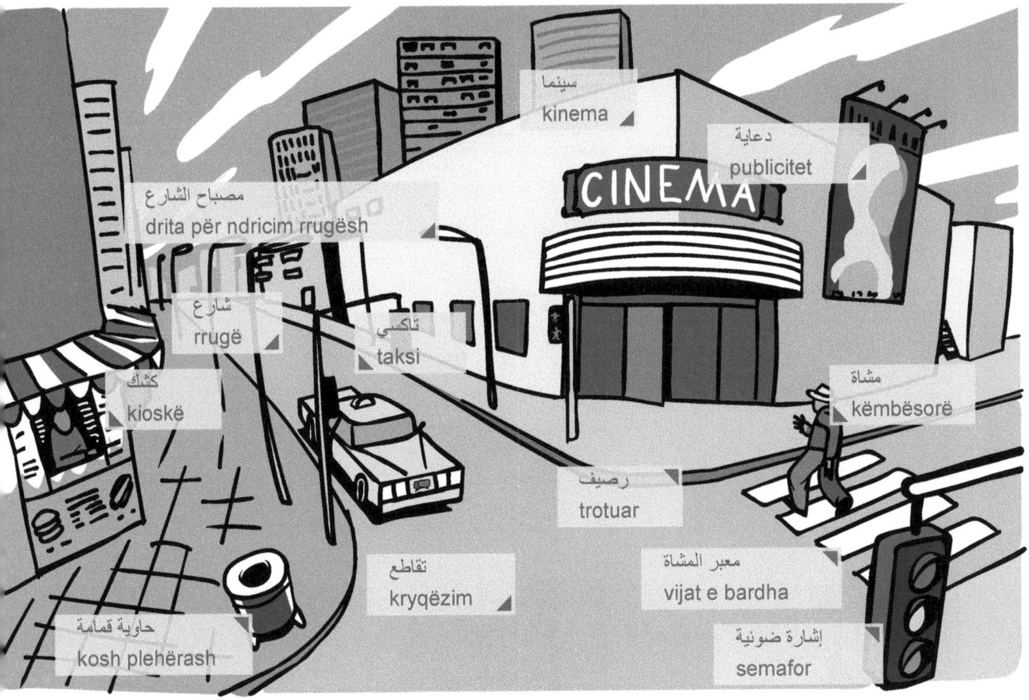

سينما
kinema

دعاية
publicitet

مصباح الشارع
drita për ndricim rrugësh

CINEMA

شارع
rrugë

تاكسي
taksi

كشك
kioskë

مشاة
këmbësorë

رصيف
trotuar

تقاطع
kryqëzim

معبر المشاة
vijat e bardha

حاوية قمامة
kosh plehërash

إشارة ضوئية
semafor

كوخ
....
kasolle

شقة
....
apartament

محطة قطار
....
stacion treni

دار البلدية
....
bashki

متحف
....
muze

المدرسة
....
shkolla

الجامعة

universitet

مصرف

bankë

المستشفى

spital

فندق

hotel

صيدلية

farmaci

مكتب

zyrë

مكتبة

librari

متجر

dyqan

محل لبيع الزهور

dyqan lulesh

سوبرماركت

supermarket

سوق

market

متجر كبير

mapo

تاجر السمك

dyqan peshku

مركز تسوّق

qëndër tregtare

ميناء

port

حديقة عامة

park

مقعد

stol

جسر

urë

سلم، درج

shkallë

مترو

metro

نفق

tunel

موقف حافلات

stacion autobuzi

بار

bar

مطعم

restorant

صندوق البريد

kuti postare

لافتة باسم الشارع

sinjalistikë rrugore

مقياس زمن الوقوف

kohëmatës parkimi

حديقة حيوانات

kopsht zoologjik

مسبح

pishinë

مسجد

xhami

مزرعة

fermë

تلوث البيئة

ndotje

مقبرة

varrezë

كنيسة

kishë

ملعب الأطفال

shesh lojërash

معبد

tempull

طبيعة ريفية

peisazh

ورقة
gjethe

علامة إرشاد
tabela orientuese

طريق
rrugë

مرج
livadh

حجر
gurë

شجرة
pemë

رحالة
ekskursionist

نهر
lumë

عشب
bar

زهرة
lule

وادٍ

luginë

جبل

kodër

بحيرة

liqen

غابة

pyll

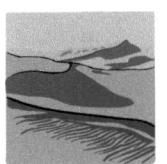

صحراء

shkretëtirë

بركان

vullkan

قلعة

kështjellë

قوس قزح

ylber

فطر

kepudhë

نخلة

palmë

بعوض

mushkonjë

ذبّانة

mizë

نملة

milingonë

نحلة

bletë

عنكبوت

merimangë

خنفساء

brumbull

ضفدعة

bretkosë

سنجاب

ketër

قنفذ

iriq

أرنب

lepur

بومة

buf

عصفور

zog

بجعة

mjellmë

خنزير برّي

derr i egër

غزال

dre

إلكة

dre brilopatë

سد

digë

دولاب الطاحونة الهوائية

turbinë ere

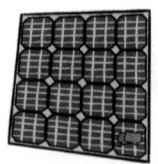

خلية شمسية

panel diellor

مناخ

klimë

مطعم

restorant

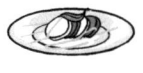

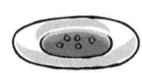

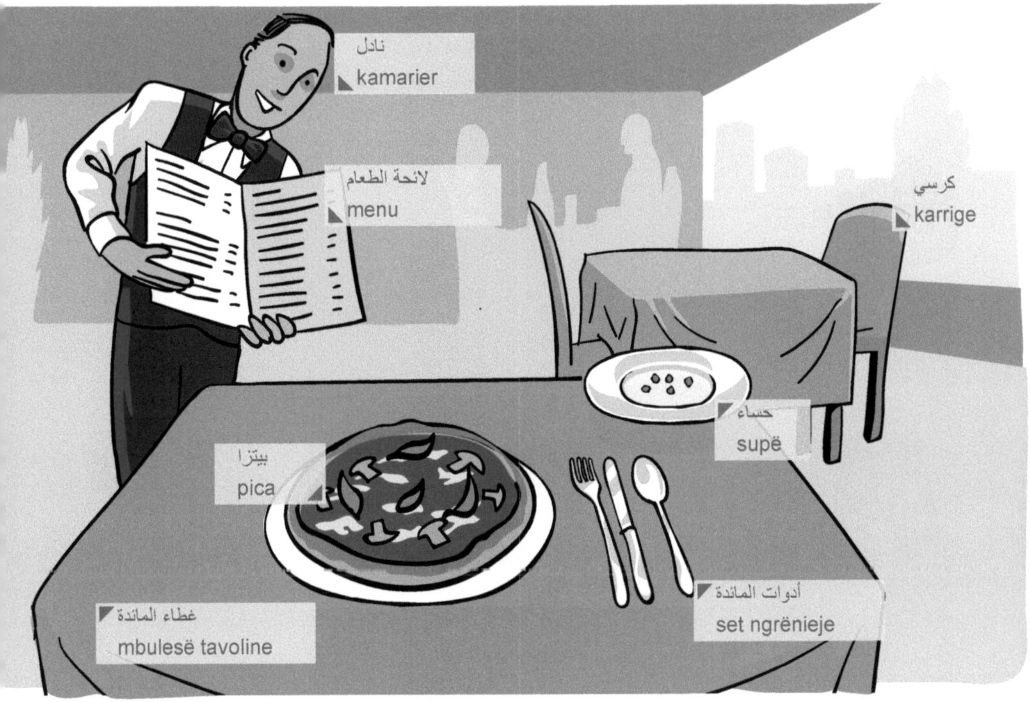
نادل
kamarier
لائحة الطعام
menu
كرسي
karrige
حساء
supë
بيتزا
pica
أدوات المائدة
set ngrënieje
غطاء المائدة
mbulesë tavoline

مقبلات
....
pjatë e parë

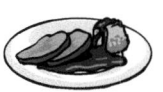

الصحن الرئيسي
....
pjatë kryesore

حلوى أو فاكهة بعد الطعام
....
ëmbëlsirë

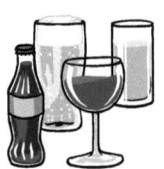

مشروبات
....
pije

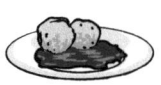

طعام
....
ushqim

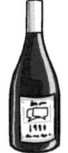

زجاجة
....
shishe

وجبات سريعة

ushqim i shpejtë

طعام الشارع

ushqim i shërbyer në rrugë

إبريق الشاي

ibrik çaji

علبة السكر

kuti sheqeri

حصّة

racion

آلة الإسبريسو

makinë kafeje ekspres

كرسي عالٍ

karrige e lartë

فاتورة

faturë

صينية

tabaka

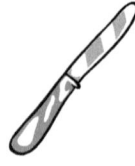

سكين

thika

شوكة

pirun

ملعقة

lugë

ملعقة الشاي

lugë çaji

منديل المائدة

pecetë

كأس

gotë

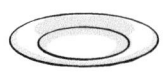

صحن

pjatë

صحن الحساء

pjatë supe

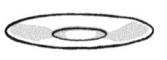

صحن الفنجان

pjatë filxhani

صلصة

salcë

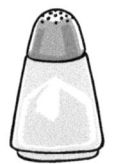

مملحة

mbajtëse kripe

مطحنة الفلفل

mulli piperi

خلّ

uthull

زيت الطعام

vaj

توابل

erëza

كتشاب

keçap

خردل

mustardë

مايونيز

majonezë

سوبرماركت

supermarket

عرض خاص
ofertë speciale
FOR
زبون
klient
مشتقات الحليب
produkte bulmeti
فواكه
frut
عربة تسوّق
karrocë pazari

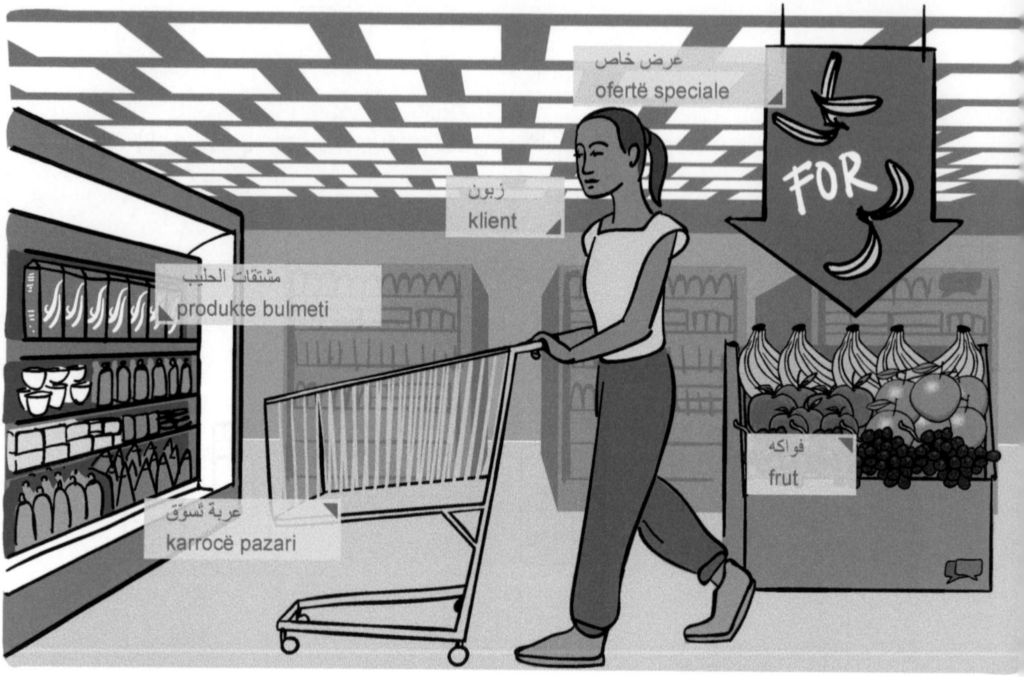

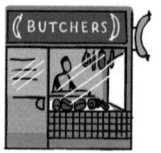

BUTCHERS

جزّار

dyqan mishi

BAKERY

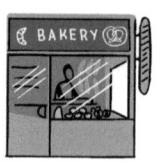

مخبز

furrë buke

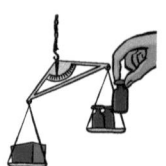

يزن

peshoj

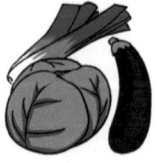

خضار

perime

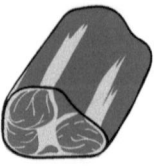

لحم

mish

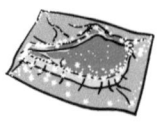

المأكولات المجمّدة

ushqim i ngrirë

مرتدلا أو جبن
....
copë

معلبات
....
ushqim i konservuar

مسحوق الغسيل
....
pluhur larës

حلويات
....
ëmbëlsirat

المواد المنزلية
....
prodhime shtëpie

منظفات
....
produkte pastrimi

بائعة
....
shitëse

صندوق الحساب
....
kasë fiskale

أمين صندوق
....
arkëtar

قائمة المشتريات
....
listë blerjeje

أوقات العمل
....
oraret e punës

محفظة النقود
....
portofol

بطاقة انتمان
....
kartë krediti

حقيبة
....
çantë

كيس بلاستيكي
....
qese plastike

ماء

ujë

عصير

lëng frutash

حليب

qumësht

كولا

koka-kola

نبيذ

verë

بيرة

birrë

كحول

alkool

كاكاو

kakao

شاي

çaj

قهوة

kafe

قهوة إسبريسو

kafe ekspres

كابوتشينو

kapuçino

موزة

banane

تفاح

mollë

برتقال

portokalle

بطيخ

pjepër

ليمون

limon

جزرة

karrotë

ثوم

hudhër

خيزران

bambu

بصل

qepë

فطر

kërpudha

لوزيات

arra

شعيرية

makarona

سباغيتي

spageti

أرزّ

oriz

سلطة

sallatë

بطاطا مقلية

patate të skuqura

بطاطا مقلية

patate të skuqura

بيتزا

pica

هامبورغر

hamburger

ساندويش

sanduiç

شريحة لحم مقلية

shnicel

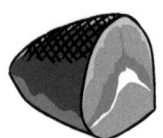

لحم خنزير

proshutë

سلامي

sallam

سجق

salçiçe

دجاج

pulë

لحم محمر

skuq

سمك

peshk

دقيق الشوفان

tërshërë

موسلي

drithëra

كورن فلكس

kornfleiks

طحين

miell

كرواسان

kruasant

خبز صغير

panine

خبز

bukë

خبز محمص

tost

بسكويت

biskotë

زبدة

gjalp

لبن زبادي

gjizë

كعكة

tortë

بيضة

vezë

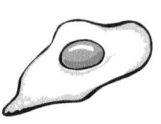

بيض مقلي

vezë sy

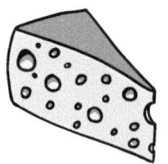

جبنة

djathë

مثلجات

akullore

سكر

sheqer

عسل

mjaltë

مربّى الفاكهة

marmaladë

كريم النوغا

çokokṛem

الكاري

këri

مزرعة
fermë

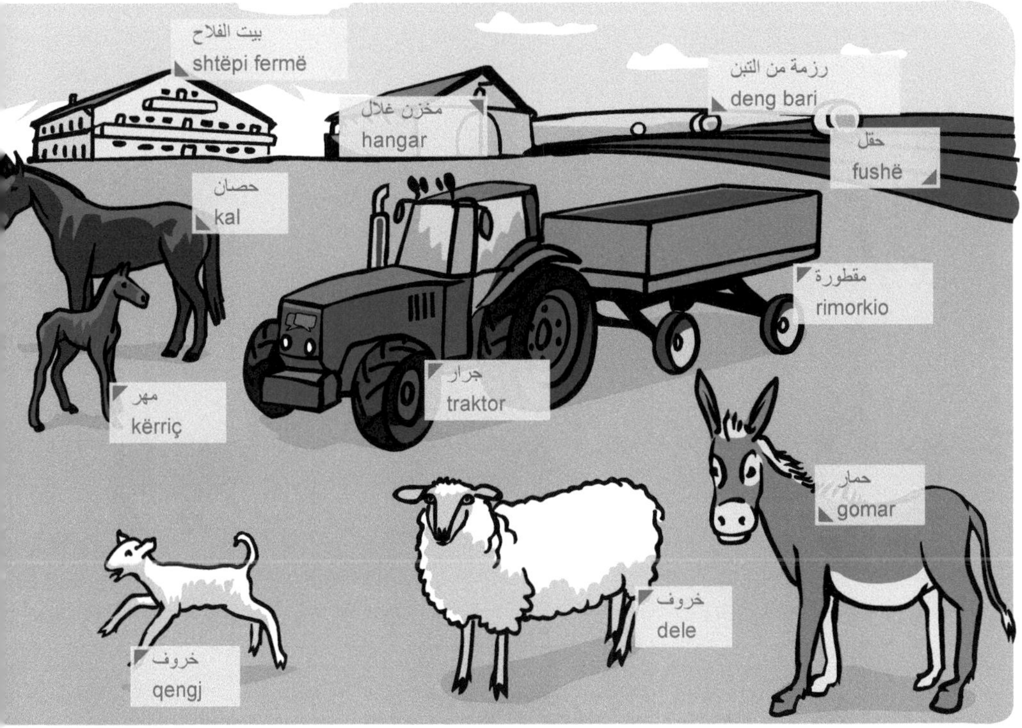

بيت الفلاح
shtëpi fermë
مخزن غلال
hangar
رزمة من التبن
deng bari
حقل
fushë
حصان
kal
مقطورة
rimorkio
جرار
traktor
مهر
kërriç
حمار
gomar
خروف
dele
خروف
qengj

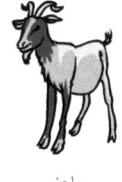

ماعز
dhi

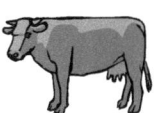

بقرة
lopë

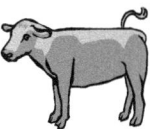

عجل
viç

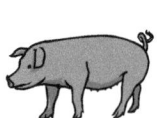

خنزير
derr

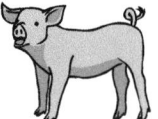

خنزير صغير
derrkuc

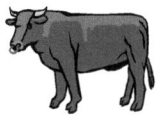

ثور
dem

إوزّة

patë

بطة

rosë

صوص

zog pule

دجاجة

pulë

ديك

gjel

جرذ

mi

قطّة

mace

فأر

mi

ثور

buall

كلب

qen

كوخ الكلب

kolibe qeni

خرطوم الحديقة

zorrë vaditëse

إبريق

vaditëse

منجل

kosë

المحراث

plug

منجل

drapër

معزقة

shat

مذراة الزبل

kosa

بلطة

sëpatë

عربة يد

karrocë

معلف

govatë

صفيحة الحليب

bidon qumështi

كيس

thes

سياج

gardh

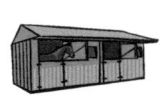

اصطبل

ahur

دفيئة

serë

تربة

dhe

بذور

farë

سماد

pleh

حصّادة درّاسة

autokombanjë

يحصد

korr

محصول

te korrat

بطاطا يامس

patate e ëmbël "Yam"

قمح

grurë

صويا

soja

بطاطا

patate

ذرَة

misër

سلجم

raps

شجرة فاكهة

pemë frutore

نبات منيهوت

zhardhok manioku

الحبوب

drithëra

بيت

shtëpi

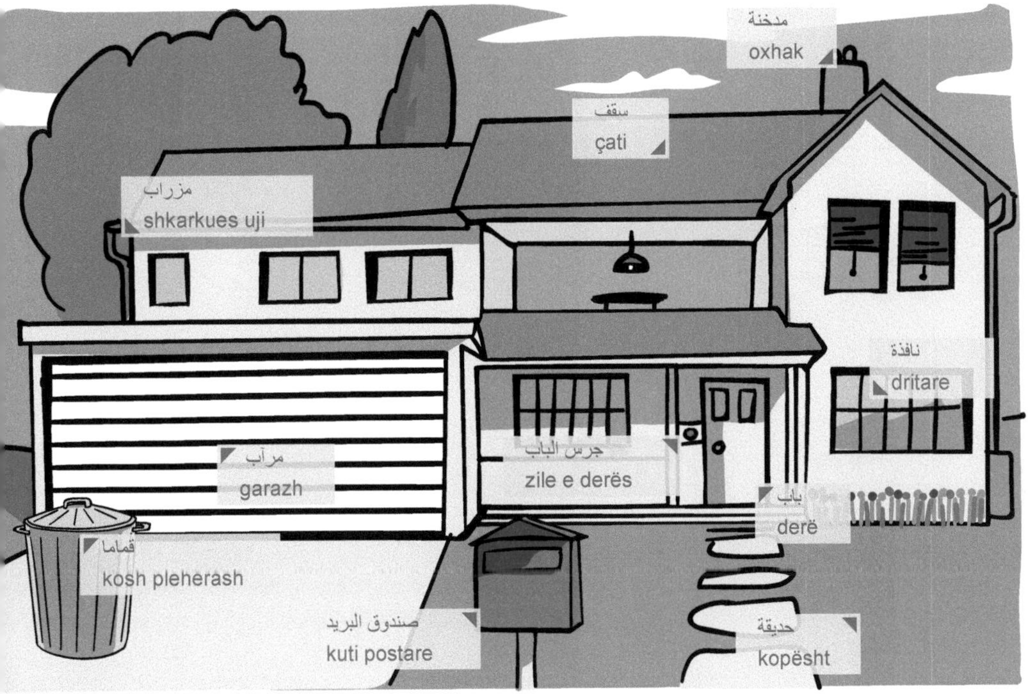
مدخنة
oxhak
سقف
çati
مزراب
shkarkues uji
نافذة
dritare
مرآب
garazh
جرس الباب
zile e derës
باب
derë
قماما
kosh pleherash
صندوق البريد
kuti postare
حديقة
kopësht

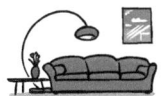

غرفة جلوس

dhomë ndenjeje

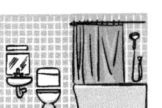

الحمّام

tualet

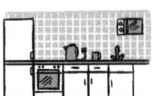

مطبخ

kuzhinë

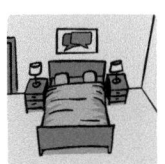

غرفة النوم

dhomë gjumi

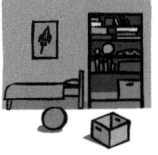

غرفة الأطفال

dhomë fëmijësh

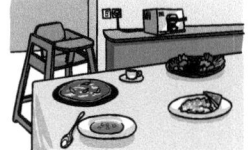

غرفة الطعام

dhomë ngrënieje

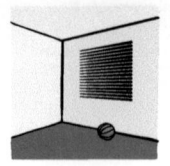

أرضية

dysheme

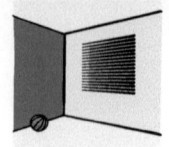

حائط

mur

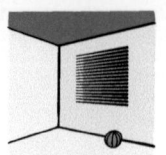

سقف

tavan

قبو

bodrum

ساونا

sauna

بلكون

ballkon

شرفة

tarracë

مسبح

pishinë

جزّازة العشب

kositëse bari

بياضات السرير

çarçaf

بطانية

kuvertë

سرير

krevat

مكنسة

fshesë dore

سطل

kovë

مفتاح كهربائي

çelës

غرفة جلوس

dhomë ndenjeje

ورق جدران
tapiceri
صورة
fotografi
مصباح كهربائي
llambë
رف
raft
خزانة
dollap
تلفزيون
pajisje televizive
موقد مفتوح
vatër
زهرة
lule
وسادة
jastëk
كنبة
divan
مزهرية
vazo
تحكم عن بعد
telekomandë

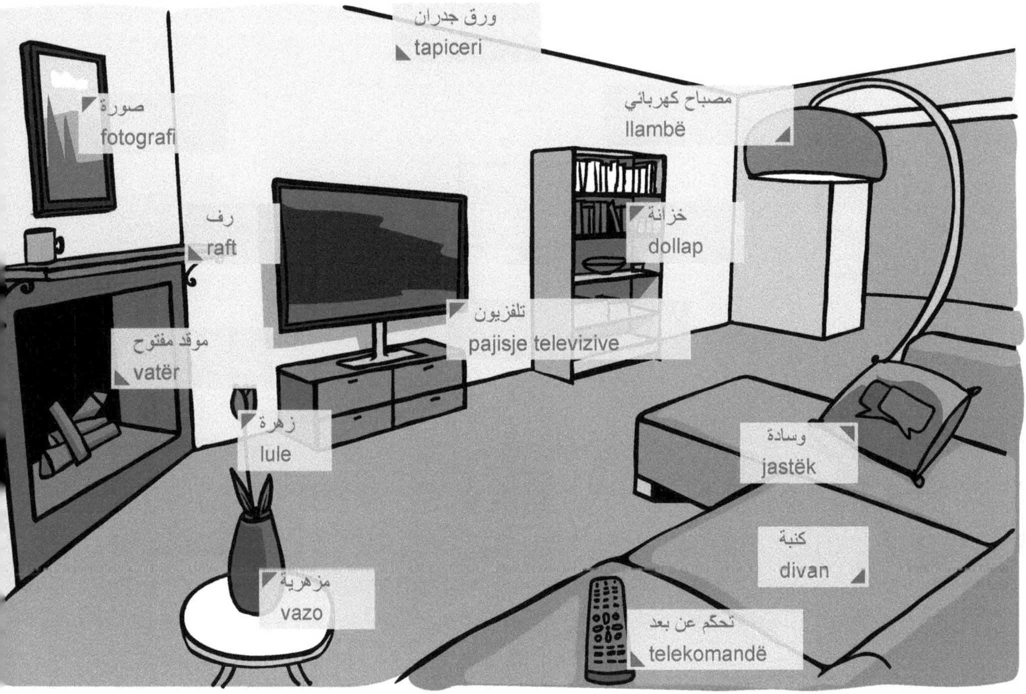

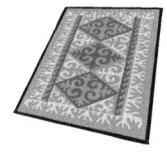

بصاط

qilim

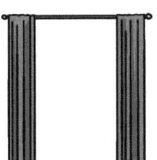

ستارة

perde

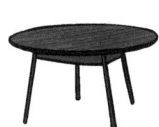

طاولة

tavolinë

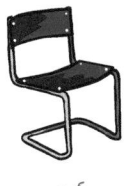

كرسي

karrige

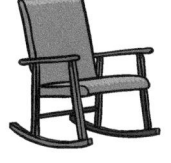

كرسي هزّاز

karrige lëkundëse

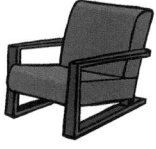

كرسي ذو ذراعين

kolltuk

الكتاب

libri

بطانية

batanije

زخرفة

zbukurime

الحطب

dru zjarri

فيلم

film

تجهيزات ستيريو

stereo

مفتاح

çelës

جريدة

gazetë

لوحة مرسومة

pikturë

مُلصق

afishe

راديو

radio

دفتر ملاحظات

bllok shënimesh

المكنسة الكهربائية

fshesë me korent

صبّار

kaktus

شمعة

qiri

مطبخ
kuzhinë

برّاد
frigorifer
ميكروويف
mikrovalë
ميزان المطبخ
peshore kuzhine
محمصة الخبز
toster
منظفات
detergjent
فرن
furrë
ثلاجة
ngrirës
قمامة
kosh plehërash
جلاية
lavastovilje

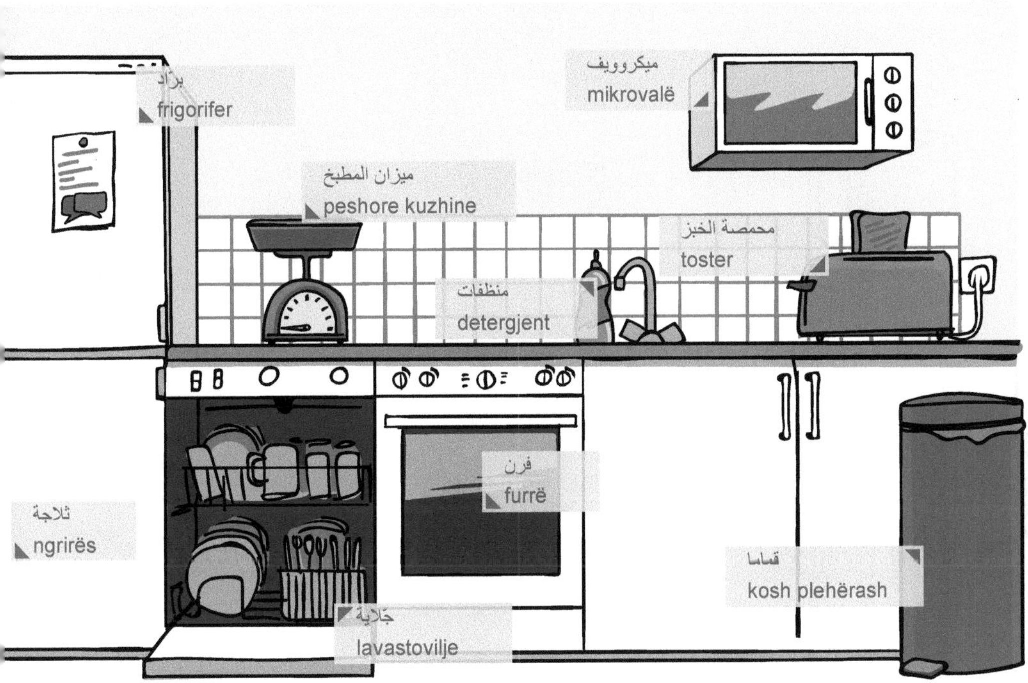

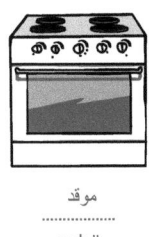

موقد

sobë

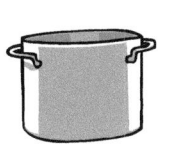

قِدر

tenxhere

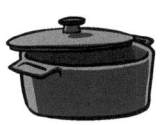

وعاء من الحديد

tenxhere me kapak

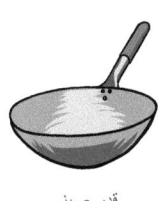

قدر صيني

tigan special (Wok)

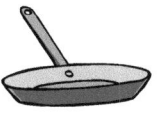

مقلاة

tigan

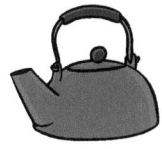

غلاية

çajnik

قدر البخار

tenxhere me avull

صينية

tavë pjekjeje

أواني

enë

فنجان

filxhan

صحن

tas

عيدان الأكل

shkopinj

مغرفة

garuzhde

ملعقة منبسطة

spatul

خفاقة

tel kuzhine

مصفاة

kulluese

مصفاة

sitë

مبشرة

rende

هاون

havan

شواء

skarë

موقد

zjarr

لوح التقطيع

dërrasë për prerje

نشّابة

okllai

مفتاح الزجاجات

heqëse tapash

علبة

kanaçe

مفتاح العلب المعدنية

hapëse kanaçeje

قماش الفرن

rrobë për të kapur
tenxheren

مجلى

lavaman

فرشاة

furçë

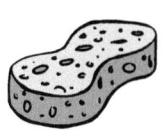

إسفنج

sfungjer

خلاط

përzjerës

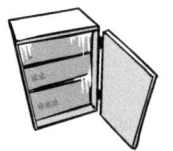

مجمّدة

ngrirës

زجاجة الطفل

biberon për lëngje

صنبور الماء

rubinet

الحمّام

tualet

دوش
dush
تدفئة
ngrohje
منشفة
peshqirë
ستارة الدوش
perde dushi
حمام رغوة
vaskë me shkumë
حوض الحمام
vaskë
كأس
gotë
غسّالة
lavatriçe
صنبور الماء
rubinet
بلاط
pllaka
قفازات مطاطية
oturak
مجلى
lavaman

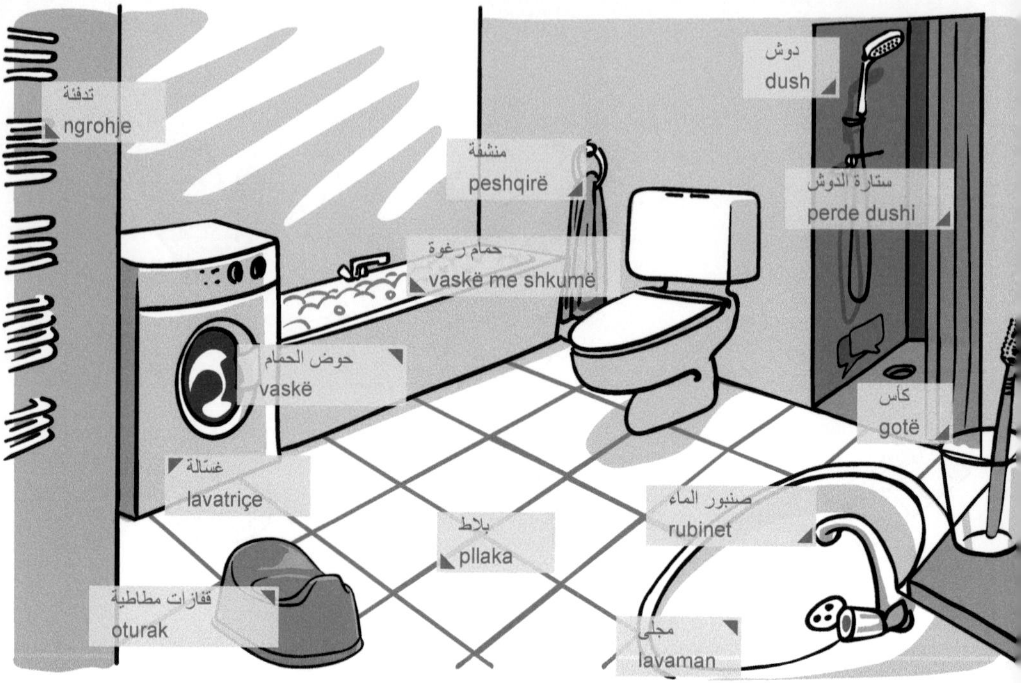

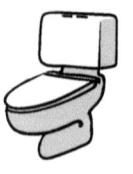

حمام

tualet

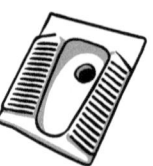

مرحاض القرفصاء

WC e sheshtë

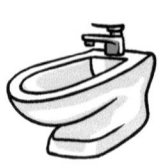

حوض التشطيف

bide

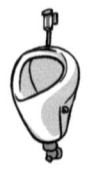

مبولة

tualet publik

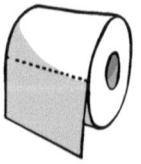

ورق المرحاض

letër higjienike

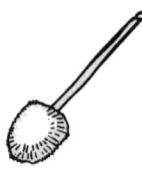

فرشاة الحمام

furçe për WC

فرشاة الأسنان

furçë dhëmbësh

معجون الأسنان

pastë dhëmbësh

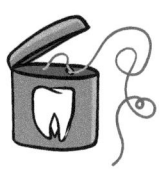

خيط حرير لتنظيف الأسنان

fije dentare

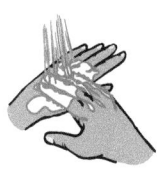

يغسل

laj

رشاش ماء يدوي

dorezë dushi

شطاف

larës për zonën intime

حوض الغسيل

legen

فرشاة الظهر

furçë për masazh shpine

صابون

sapun

جيل الدوش

shampo trupi

شامبو

shampo

ممسحة

leckë pastruese

مصرف للماء

kullues

مرهم

krem

مزيل الروائح

antidjersë

مرآة

pasqyrë

مرآة يد

pasqyrë dore

موس حلاقة

brisk rroje

رغوة الحلاقة

shkumë rroje

كولونيا

locion pas rrojes

مشط

krehër

فرشاة

furçë

سشوار

tharëse flokësh

مثبت للشعر

llak për flokët

ماكياج

grim

روج

buzëkuq

طلاء أظافر

manikyr

قطن

mbushje pambuku

مقص أظافر

gërshërë për thonj

عطر

parfum

سلة الغسيل

çantë për sendet personale

مقعد صغير

Stol

ميزان

peshore

معطف الحمام

robëdëshambër

قفازات مطاطية

dorashka gome

سدادة قطنية

tampon

منشفة صحية

peceta higjienike

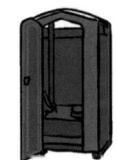

تواليت كيميائية

tualet I lëvizshëm

غرفة الأطفال

dhomë fëmijësh

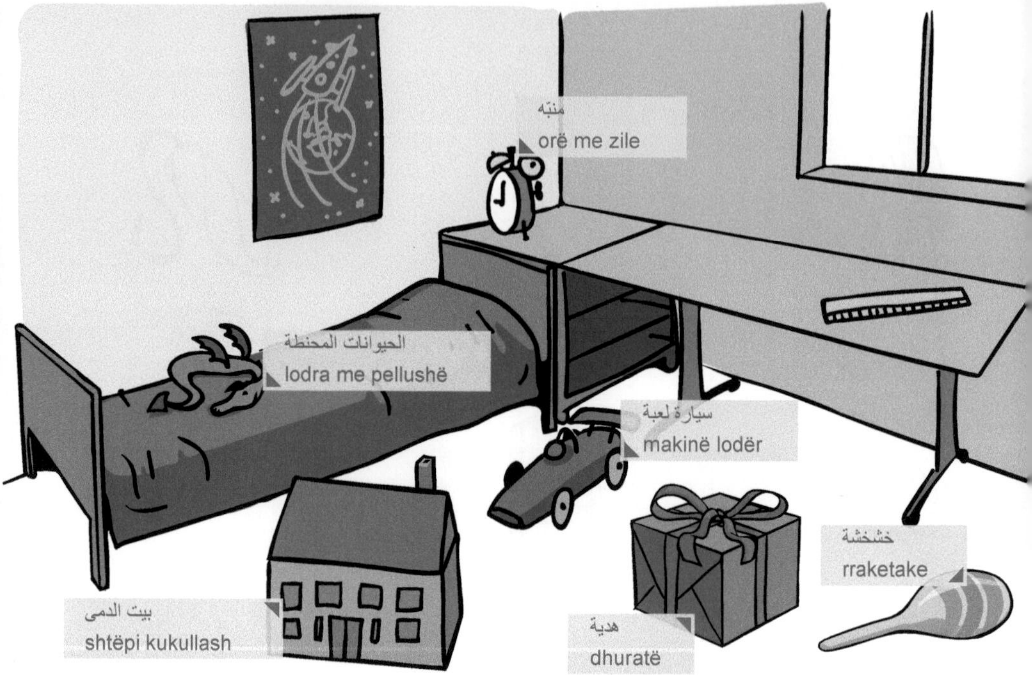

منبه
orë me zile
الحيوانات المحنطة
lodra me pellushë
سيارة لعبة
makinë lodër
خشخشة
rraketake
بيت الدمى
shtëpi kukullash
هدية
dhuratë

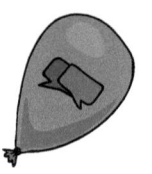

بالون
tollumbace

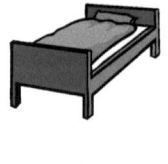

سرير
krevat

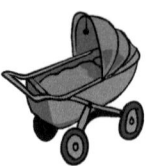

عربة الأطفال
karrocë fëmijësh

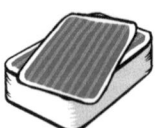

لعبة الورق
lojë me letra

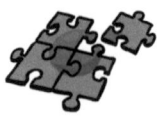

أحجية
bashkim pjesësh me figura

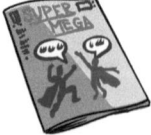

رسوم هزلية
komik

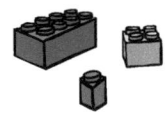

أحجار الليغو

formuese lodër

حجارة تركيب

kuba plastikë

دمية بطل

lodra

لباس الطفل

badi

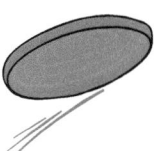

فريسبي

frizbi

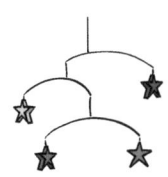

دمية معلقة

lodra të varura tek krevati i fëmijëve

لعبة الطاولة

tavolinë lojërash

لعبة النرد

zare

لعبة قطار

model treni

مصّاصة

biberon

حفلة

festë

كتاب مصوّر

libër me ilustrime

كرة

top

دمية

kukull

يلعب

luaj

ملعب رملي للأطفال

grumbull rëre

أرجوحة

kolovarëse

لعبة

lodra

ألعاب فيديو

leva për lojra video

دراجة ثلاثية

triçikël

دمية على شكل الدب

arush prej pellushi

خزانة الثياب

garderobë

جوارب قصيرة

çorape

جوارب طويلة

çorape të gjata

جورب بنطلون

geta

شال
shall

شمسية
çadër

تي شيرت
bluzë pa jakë

حزام
rrip

أحذية رياضية
atlete

حذاء شتوي
çizme

شبشب
pantofla

صندل
....
sandale

حذاء
....
këpucë

جزمة كاوتشوك
....
çizme llastiku

سروال داخلي
....
të mbathura

صدّارة
....
reçipeta

قميص داخلي
....
kanotierë

لباس ملاصق للجسم

trup

بنطلون

pantallona

جينز

xhinse

تنورة

fund

بلوزة

bluzë

قميص

këmishë

سترة قطنية

pulovër

كنزة كم طويل

triko

سترة فضفاضة

xhaketë

سترة

xhaketë

معطف

pallto

معطف مطري

mushama shiu

زي ـ طقم نسائي

kostum

ثوب

fustan

ثوب الزفاف

fustan nusërie

طقم
....
kostum

قميص نوم
....
këmishë nate

بيجاما
....
pizhama

ساري
....
sari (veshje tradicionale indiane)

حجاب
....
shami koke

عمامة
....
çallmë

برقع
....
veshje për femrat e besimit musliman

قفطان
....
kaftan (lloj veshjeje tradicionale)

عباءة
....
ferexhe

مايوه
....
kostum banje

سروال سباحة
....
rroba banje

شرت
....
pantallona të shkurtra

بدلة رياضية
....
tuta sporti

منزر
....
përparëse

قفازات
....
dorashka

زر

kopsë

نظّارة

syze

إسوارة

byzylyk

عقد

gjerdan

خاتم

unazë

قرط

vath

طاقيّة

kapuç

علاقة ثياب

varëse për pallto

قبّعة

kapele

ربطة العنق

kravatë

سحّاب

zinxhir

خوذة

helmetë

حمّالة البنطلون

tiranda

اللباس المدرسي

uniformë shkolle

زيّ موحّد

uniformë

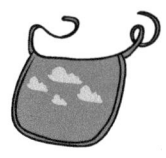

مريلة الأطفال
....
gushore

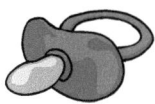

مصّاصة
....
biberon

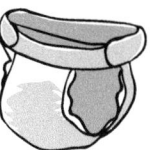

لفافة
....
pelenë

مكتب
zyrë

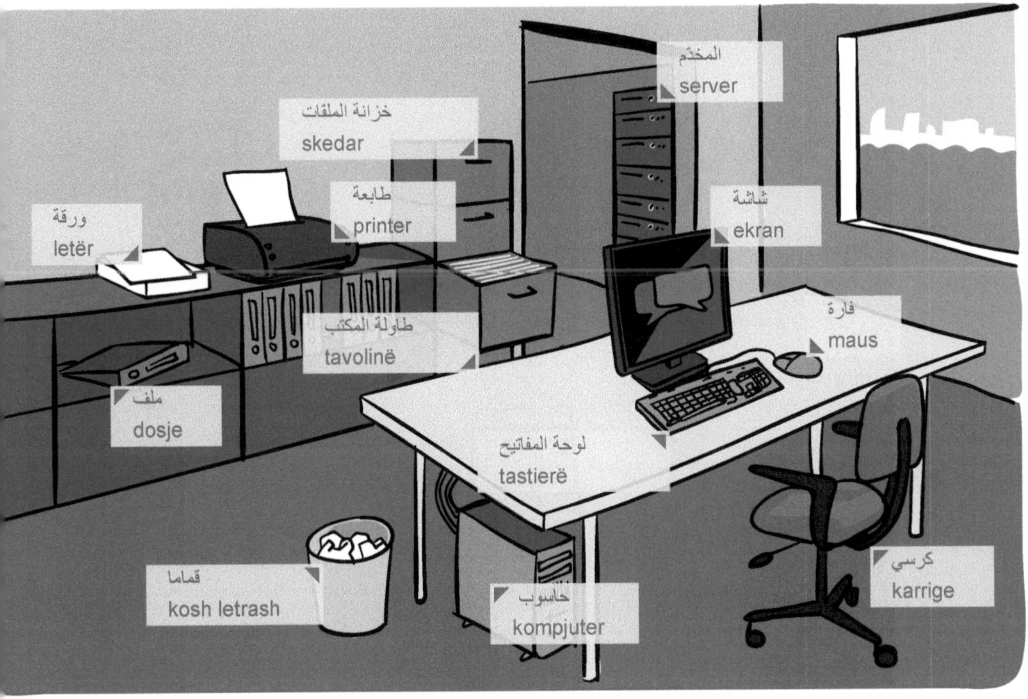
المخدّم
server
خزانة الملفات
skedar
طابعة
printer
ورقة
letër
شاشة
ekran
فارة
maus
طاولة المكتب
tavolinë
ملف
dosje
لوحة المفاتيح
tastierë
قماما
kosh letrash
حاسوب
kompjuter
كرسي
karrige

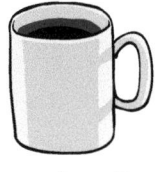

كأس من القهوة
....
filxhan kafeje

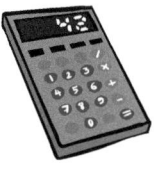

الآلة الحاسبة
....
makinë llogaritëse

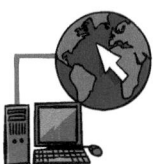

الإنترنت
....
internet

الحاسوب المحمول

kompjuter portativ

رسالة

letër

خبر

mesazh

الهاتف المحمول

telefon

شبكة

rrjet

جهاز تصوير

fotokopje

البرمجيات

program

هاتف

telefon

مقبس كهربائي

prizë

فاكس

pajisje faksi

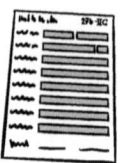

استمارة

formular

وثيقة

dokument

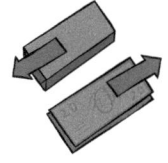

يَشْتَري

blej

يدفع

paguaj

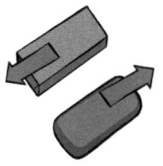

يتاجر

tregtoj

مال

para

دولار

dollar

يورو

euro

ين

jen

روبل

rubla

فرنك سويسري

franga zvicerane

يوان

juani kinez

روبية

rupje

صرّاف آلي

bankomat

مكتب صرافة

pikë këmbimi valutor

ذهب

ar

فضة

argjend

نفط

nafta

طاقة

energji

سعر

çmim

عقد

kontratë

ضريبة

taksë

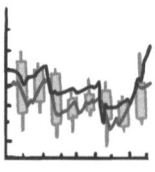

سهم

aksione

يعمل

punoj

موظف

punonjës

رب العمل

punëdhënës

مصنع

fabrikë

متجر

dyqan

المِهَن
profesionet

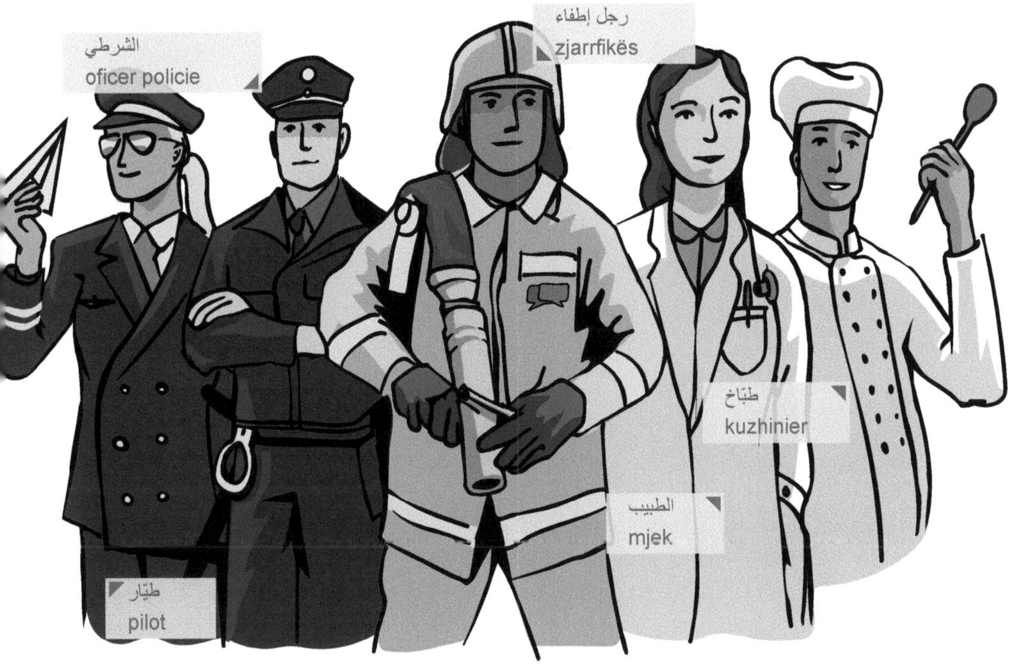
الشرطي
oficer policie
رجل إطفاء
zjarrfikës
طبّاخ
kuzhinier
الطبيب
mjek
طيّار
pilot

بستاني

kopshtar

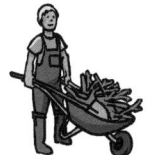

نجّار

marangoz

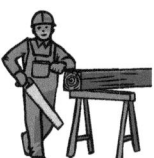

خيّاطة

rrobaqepëse

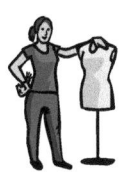

قاض

gjykatës

كيميائي

kimist

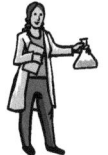

ممثل

aktor

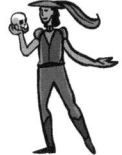

سائق حافلة

shofer autobuzi

سائق تاكسي

taksist

صياد سمك

peshkatar

أجيرة للتنظيف

pastruese

بنّاء سقف

riparues çatish

نادل

kamarier

صيّاد

gjuetar

رسّام

piktor

خبّاز

furrxhi

كهربائي

elektriçist

عامل بناء

ndërtues

مهندس

inxhinier

لحّام

kasap

سمكري

hidraulik

ساعي البريد

postieri

جندي

ushtar

مهندس معماري

arkitekt

أمين صندوق

arkëtar

بائع الزهور

luleshitës

حلاق

berber

مراقب القطار

kontrollor

ميكانيكي

mekanik

قبطان

kapiten

طبيب أسنان

dentist

رجل العلم

shkencëtar

حاخام

rabin

إمام

imam

راهب

murg

كاهن

klerik

عدة عمل

mjete

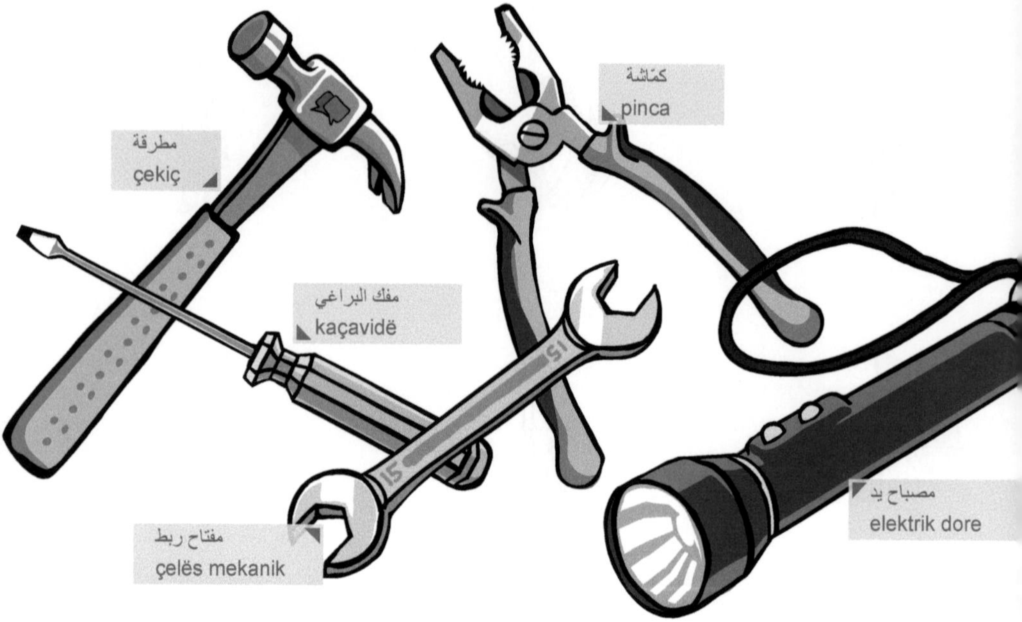

مطرقة
çekiç

كماشة
pinca

مفك البراغي
kaçavidë

مفتاح ربط
çelës mekanik

مصباح يد
elektrik dore

جرافة
ekskavator

صندوق العدة
kuti veglash

سلم
shkallë

منشار
sharrë

مسامير
gozhdë

مثقب
trapan

يصلح
....
riparoj

مجرفة
....
lopatë

اللعنة
....
Dreq!

لقاطة الكناسة
....
kaci

سطل الألوان
....
kuti boje

براغي
....
vidhë

آلات موسيقية

instrumenta muzikorë

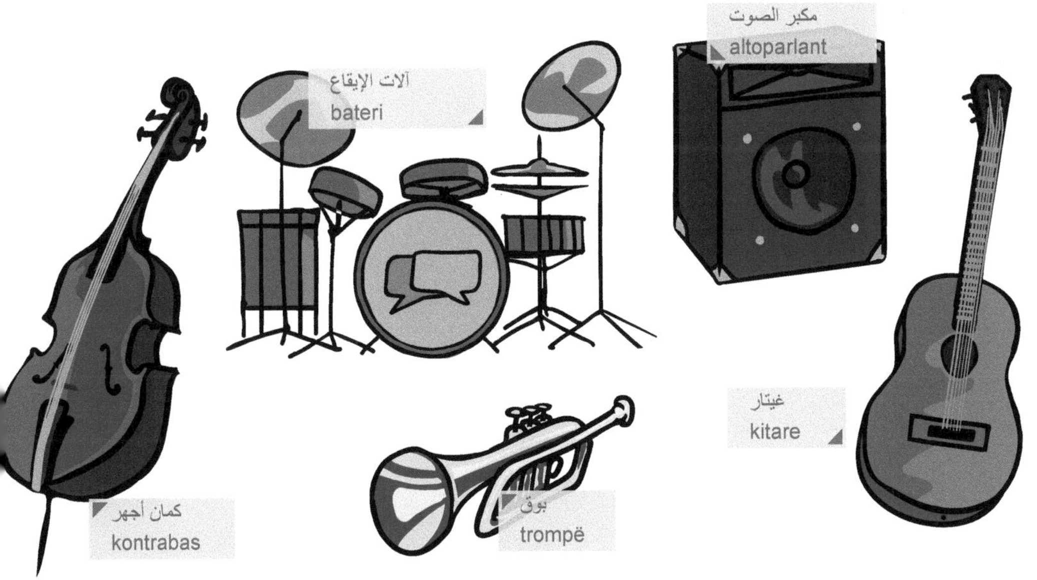

مكبر الصوت
altoparlant

آلات الإيقاع
bateri

غيتار
kitare

كمان أجهر
kontrabas

بوق
trompë

بيانو

piano

كمنجة

violinë

جهير

bas

طبل كبير

tamburë

طبل

daulle

بيانو كهربائي

tastierë pianoje

ساكسوفون

saksofon

ناي

flaut

ميكروفون

mikrofon

حديقة حيوانات

kopsht zoologjik

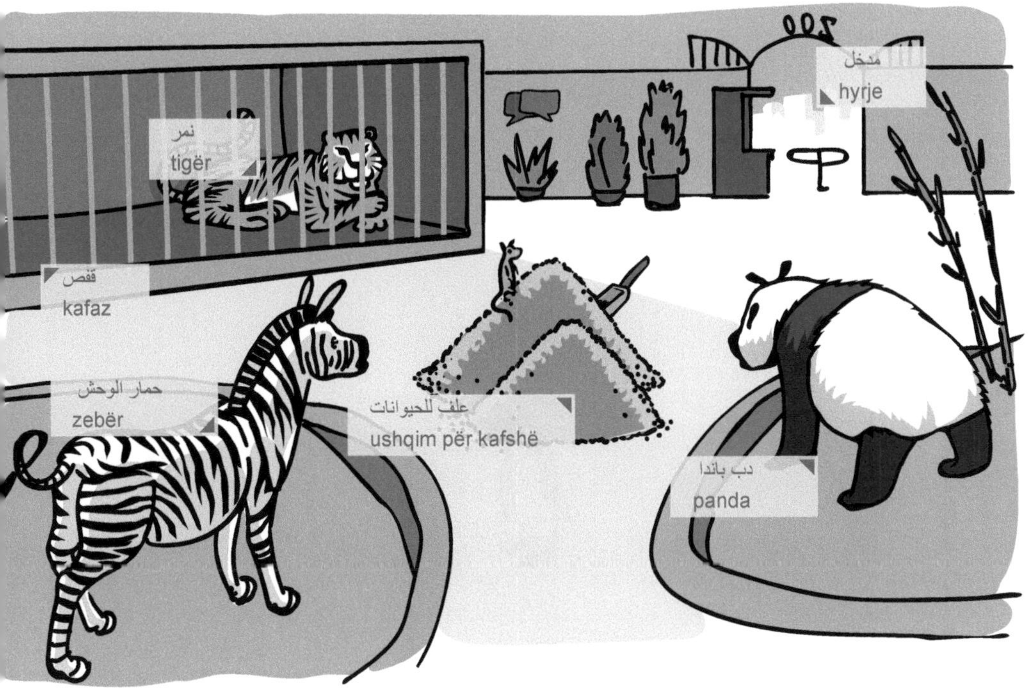

مدخل
hyrje
نمر
tigër
قفص
kafaz
حمار الوحش
zebër
علف للحيوانات
ushqim për kafshë
دب باندا
panda

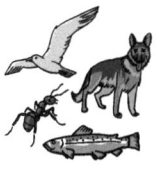

حيوانات

kafshë

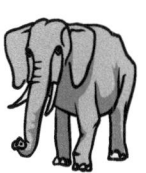

فيل

elefant

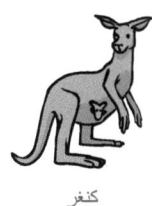

كنغر

kangur

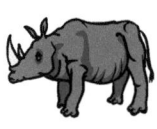

وحيد القرن

rinoceront

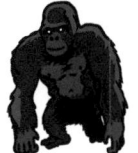

غوريلا

gorillë

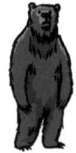

دب

ari

جمل

deve

نعامة

struc

أسد

luan

قرد

majmun

طائر فلامينغو

flamingo

ببغاء

papagall

دب قطبي

ari polar

بطريق

pinguin

سمك القرش

peshkaqen

طاووس

pallua

أفعى

gjarpër

تمساح

krokodil

حارس في حديقة الحيوان

punonjës i kopshtit zoologjik

عجل البحر

fokë

نمر أمريكي مرقط

xhaguar

فرس قزم
....
poni

نمر
....
leopard

فرس النهر
....
hipopotam

زرافة
....
gjirafë

نسر
....
shqiponjë

خنزير برّي
....
derr i egër

سمك
....
peshk

سلحفاة
....
breshkë

حيوان فظ البحري
....
lopë deti

ثعلب
....
dhelpër

غزال
....
gazelë

كرة القدم الأمريكية
futboll amerikan

ركوب الدراجات
çiklizëm

كرة التنس
tenis

كرة السلة
basketboll

السباحة
not

هوكي الجليد
hokej mbi akull

الملاكمة
boks

كرة القدم
futboll

الريشة الطائرة
badminton

ألعاب القوى الخفيفة
atletikë

كرة اليد
hendboll

التزلج على الثلج
ski

بولو
polo

نشاطات
aktivitet

يضحك
qesh
يقفز
hidhem
يعانق
përqafoj
يمشي
eci
يغنّي
këndoj
يحلم
ëndërroj
يصلّي
lutem
يقبل
puth

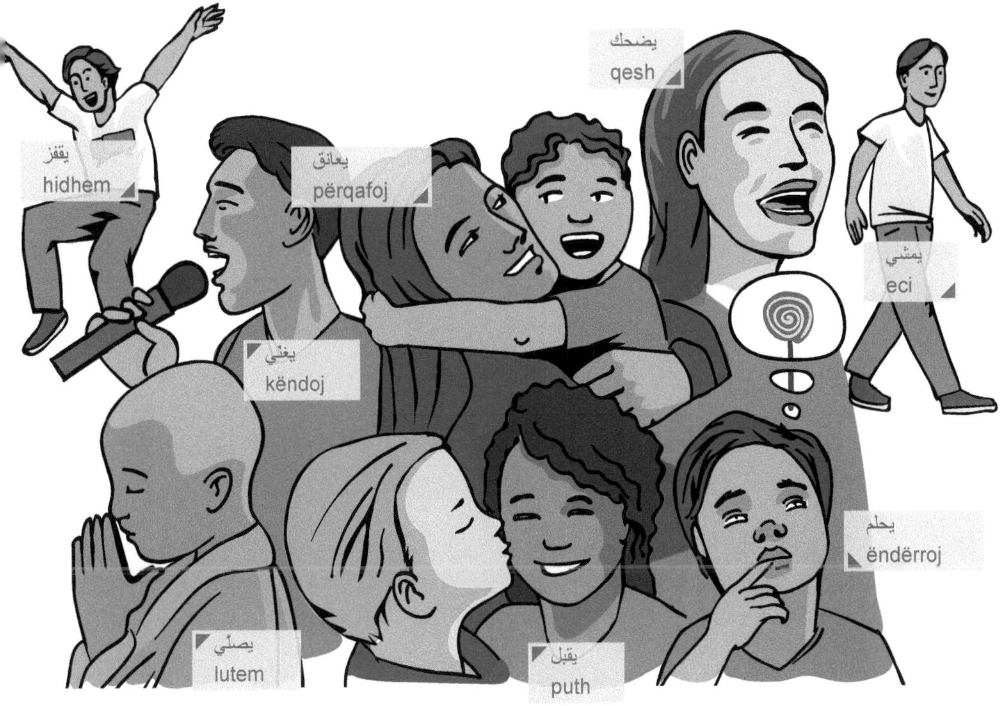

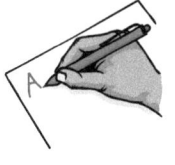

يكتب
....
shkruaj

يرسم
....
vizatoj

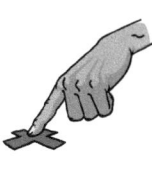

يُري
....
tregoj

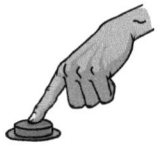

يدفع
....
shtyj

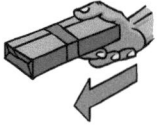

يعطي
....
jap

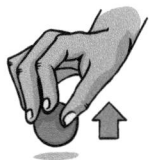

يأخذ
....
marr

يملك
kam

يعمل
bëj

يوجد
jam

يقف
qëndroj

يركض
vrapoj

يسحب
tërheq

يرمي
hedh

يقع
bie

يستلقي
shtrihem

ينتظر
pres

يحمل
mbaj

يجلس
ulem

يلبس
vishem

ينام
fle

يستيقظ
zgjohem

ينظر إلى ..

shikoj

يبكي

qaj

يمسّد

përkëdhel

يمشّط

kreh

يتكلم

bisedoj

يفهم

kuptoj

يسأل

kërkoj

يسمع

dëgjoj

يشرب

pi

يأكل

ha

يرتب

sistemoj

يحب

dashuroj

يطبخ

gatuaj

يقود

drejtoj makinën

يطيّر

fluturoj

يبحر بزورق شراعي

lundroj

يحسب

llogaris

يقرأ

lexoj

يتعلم

mësoj

يعمل

punoj

يتزوج

martohem

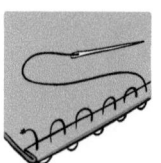

يخيط

qep

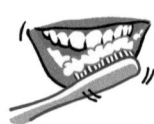

ينظف أسنانه

laj dhëmbët

يقتل

vras

يدخّن

tymos

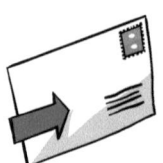

يرسل

dërgoj

عائلة
familje

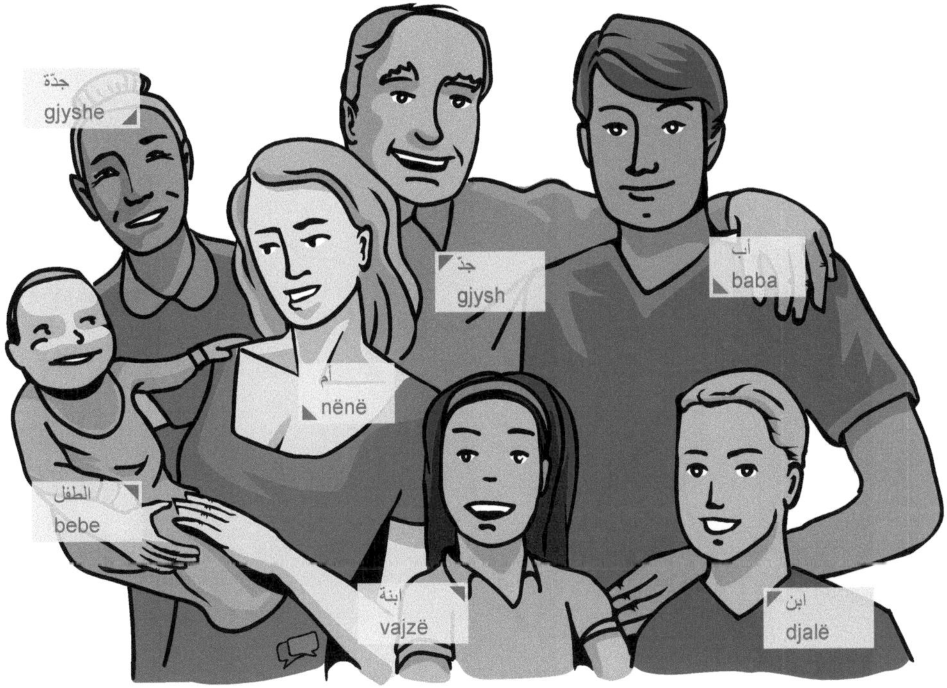

جدّة
gjyshe
جدّ
gjysh
أب
baba
أم
nënë
الطفل
bebe
ابنة
vajzë
ابن
djalë

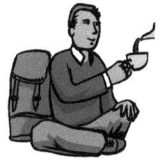

ضيف

mysafir

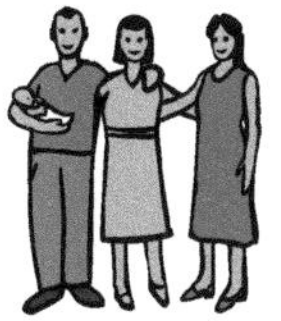

عمّة / خالة

teze, hallë

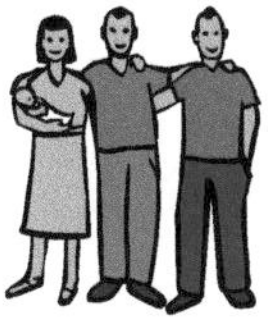

عمّ / خال

dajë, xhaxha

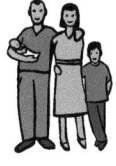

أخ

vëlla

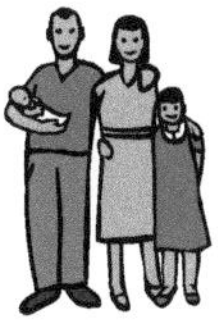

أخت

motër

الجسم

trupi

الجبين
balli
العين
syri
الكتف
shpatulla
الإصبع
gishti
الوجه
fytyra
الذقن
mjekra
اليد
dora
الساق
këmba
الصدر
krahërori
الذراع
krahu

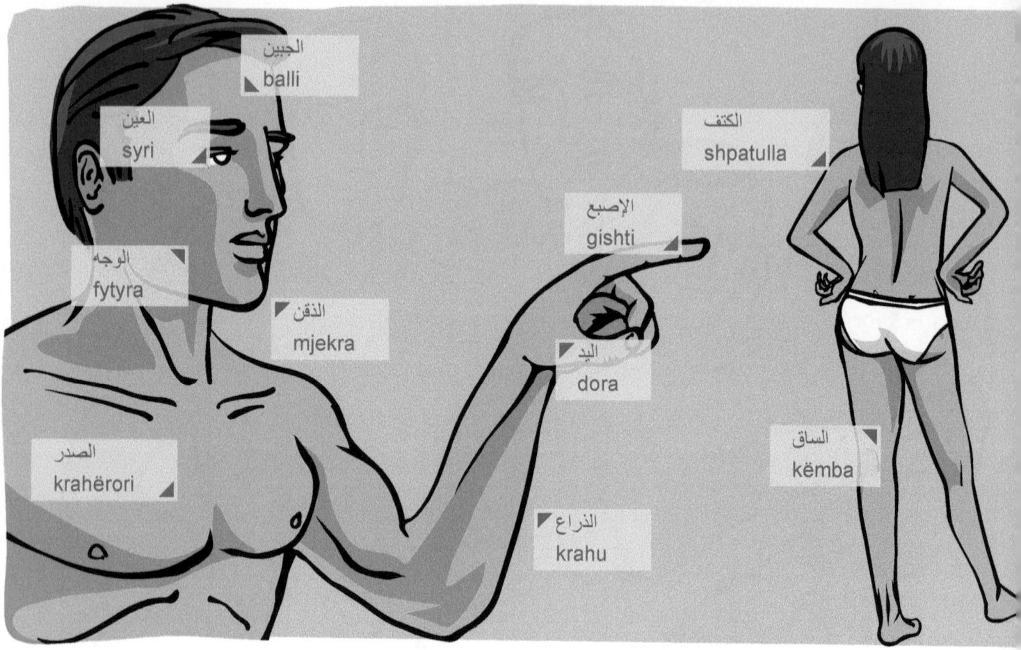

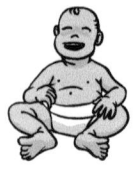

الطفل

bebe

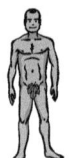

الرجل

burrë

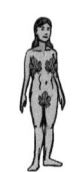

المرأة

grua

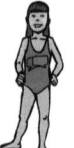

البنت

vajzë

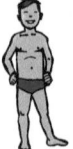

الولد

djalë

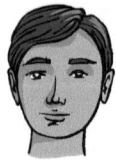

الرأس

koka

الظهر

shpina

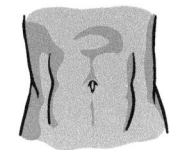

البطن

barku

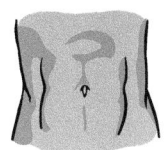

السرّة

kërthiza

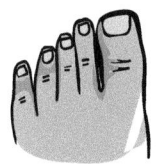

إصبع القدم

gisht këmbe

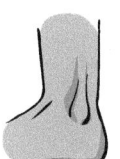

الكعب

Thembra

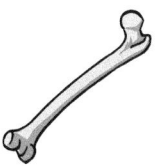

العظم

kockë

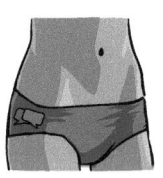

الورك

legeni

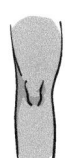

الركبة

gjuri

المرفق

bërryli

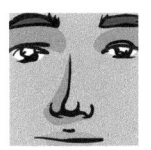

الأنف

hunda

العَجُز

vithe

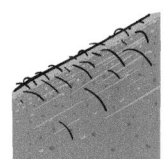

البشرة

lëkura

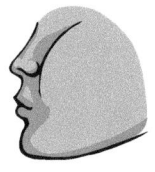

الخد

faqja

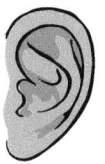

الأذن

veshi

الشفة

buza

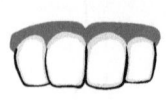

الفم

goja

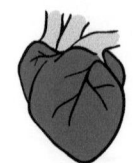

السن

dhëmbët

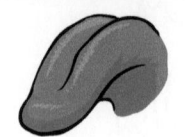

اللسان

gjuha

الدماغ

truri

القلب

zemra

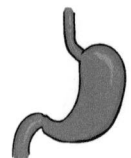

العضلة

muskul

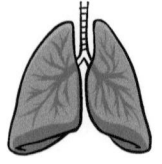

الرئة

mushkëria

الكبد

mëlçia

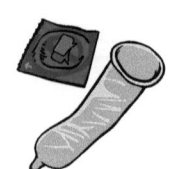

المعدة

stomaku

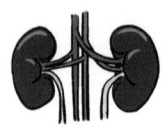

الكلى

veshka

الاتصال الجنسي

seks

الواقي المطاطي

prezervativ

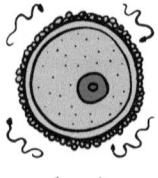

البويضة

veza

المنيّ

sperma

الحمل

shtatëzani

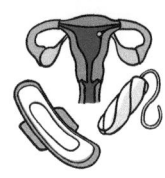

الحيض

menstruacione

المهبل

vagina

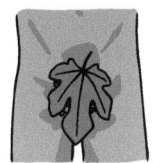

القضيب

penis

الحاجب

vetulla

الشعر

flokët

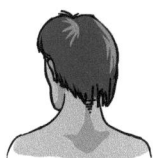

الرقبة

qafa

المستشفى

spital

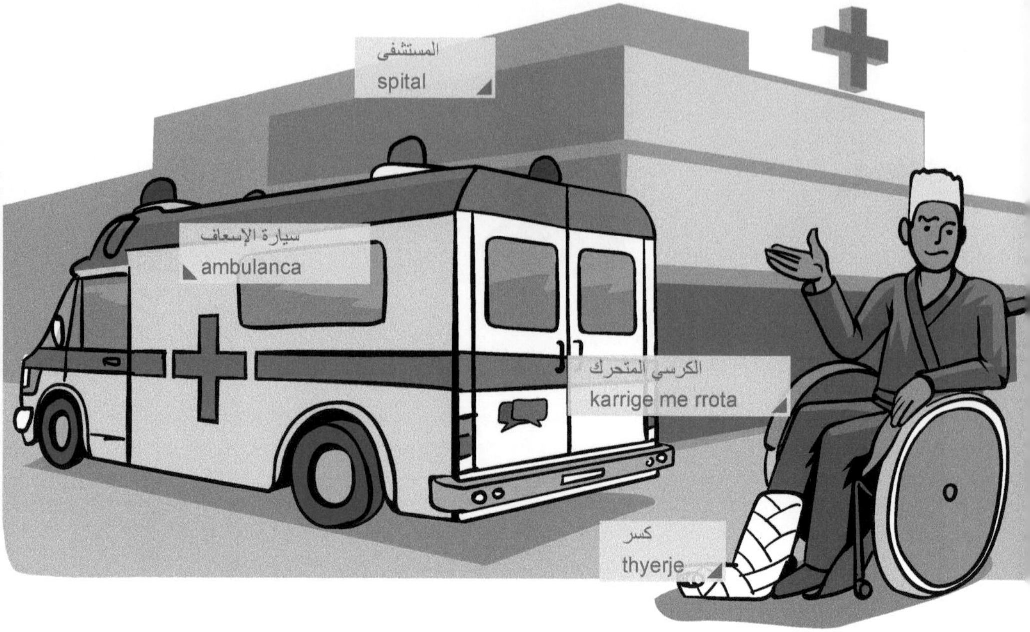

المستشفى
spital
سيارة الإسعاف
ambulanca
الكرسي المتحرك
karrige me rrota
كسر
thyerje

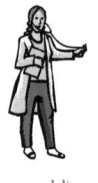

الطبيب

mjek

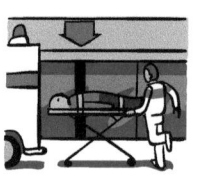

غرفة الإسعاف

sallë urgjencash

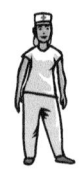

الممرضة

infermiere

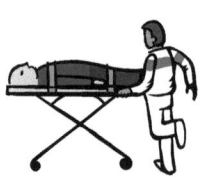

حالة

emergjencë

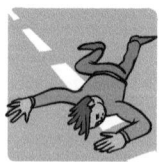

مغمى عليه

i pandërgjegjshëm

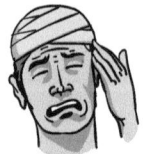

الألم

dhimbje

إصابة
dëmtim

النزيف
gjakosje

احتشاء القلب
infarkt

جلطة
goditje

حسسية
alergji

السعال
kolla

الحُمّى
ethe

إنفلونزا
grip

الإسهال
diarre

وجع الرأس
dhimbje koke

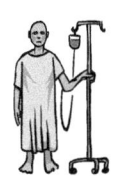

السرطان
kancer

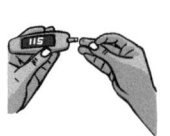

مرض السكر
diabet

جرّاح
kirurg

مبضع
bisturi

عملية
operacion

سيتي سكان

CT (skaner)

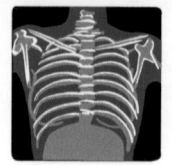

الأشعة السينية

radiografi

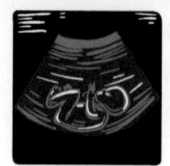

فوق الصوتي

ultratingull

القناع

maskë fytyre

المرض

sëmundje

غرفة الانتظار

dhomë pritjeje

العُكاز

paterica

شريط لاصق

leukoplast

ضماد

fasho

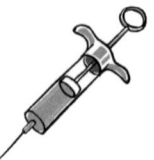

حقنة

injeksion

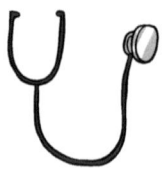

سمّاعة الطبيب

stetoskop

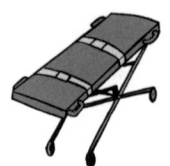

نقالة

barelë

ميزان حرارة

termometër

ولادة

lindje

وزن زائد

mbipeshë

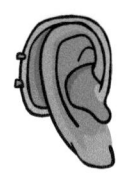

جهاز السمع

aparat dëgjimi

المواد المعقمة

dezinfektant

عدوى

infeksion

فيروس

virus

الإيدز

HIV / AIDS

الطب

mjekësi, mjekim

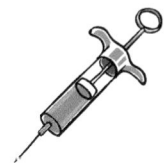

اللقاح

vaksinim

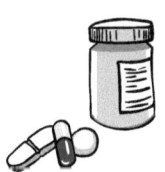

أقراص الدواء

tableta

حبّة الدواء

pilulë

نداء النجدة

telefonatë emergjence

مقياس ضغط الدم

aparat tensioni

مريض / صحيح

i sëmurë / i shëndetshëm

النجدة!

Ndihmë!

إنذار

alarm

اعتداء

sulm

هجوم

atak

خطر

rrezik

مخرج طوارئ

dalje emergjence

حريق!

Zjarr!

جهاز الإطفاء

fikëse zjarri

حادث

aksident

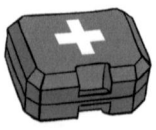

حقيبة الإسعاف الأولي

kuti e ndimës së shpejtë

أنقذونا

SOS

الشرطة

policia

أوروبا

Europa

أمريكا الشمالية

Amerika e Veriut

أمريكا الجنوبية

Amerika e Jugut

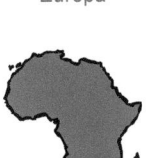

أفريقيا

Afrika

آسيا

Azia

أستراليا

Australia

المحيط الأطلسي

Atlantiku

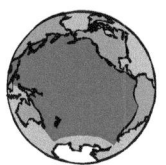

المحيط الهادي

Paqësori

المحيط الهندي

Oqeani Indian

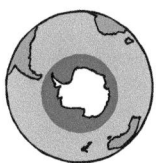

المحيط المتجمد الجنوبي

Oqeani Antarktik

المحيط المتجمد الشمالي

Oqeani Arktik

القطب الشمالي

Poli i veriut

القطب الجنوبي
....
Poli i Jugut

منطقة القطب الجنوبي
....
Antarktida

أرض
....
toka

بر
....
tokë

بحر
....
det

جزيرة
....
ishull

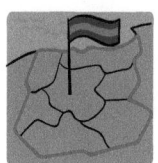

أمة
....
komb

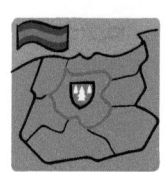

دولة
....
shtet

ميناء الساعة

fusha e orës

عقرب الساعات

akrepi i orës

عقرب الدقائق

akrepi i minutave

عقرب الثواني

akrepi i sekondave

كم الساعة الآن؟

Sa është ora?

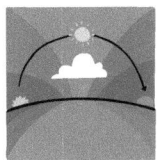

يوم

ditë

زمن

kohë

الآن

tani

ساعة رقمية

orë dixhitale

دقيقة

minutë

ساعة

orë

أسبوع
javë

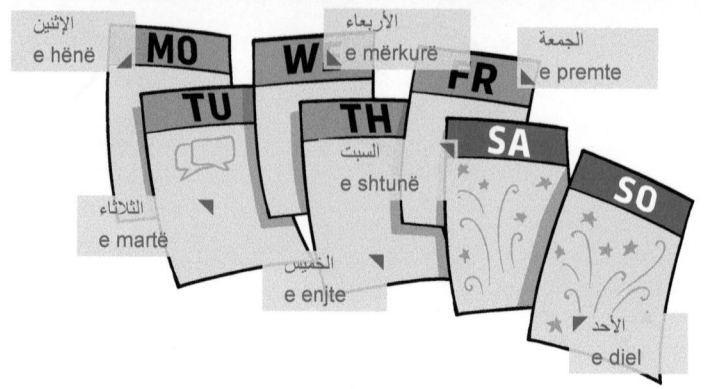

الإثنين
e hënë

الأربعاء
e mërkurë

الجمعة
e premte

الثلاثاء
e martë

الخميس
e enjte

السبت
e shtunë

الأحد
e diel

الأمس
dje

اليوم
sot

غدا
nesër

الصباح
mëngjes

الظهر
mesditë

المساء
mbrëmje

MO	TU	WE	TH	FR	SA	SU
1	2	3	4	5	6	7
8	9	10	11	12	13	14
15	16	17	18	19	20	21
22	23	24	25	26	27	28
29	30	31	1	2	3	4

أيام العمل
ditë pune

MO	TU	WE	TH	FR	SA	SU
1	2	3	4	5	6	7
8	9	10	11	12	13	14
15	16	17	18	19	20	21
22	23	24	25	26	27	28
29	30	31	1	2	3	4

نهاية الأسبوع
fundjavë

سنة
vit

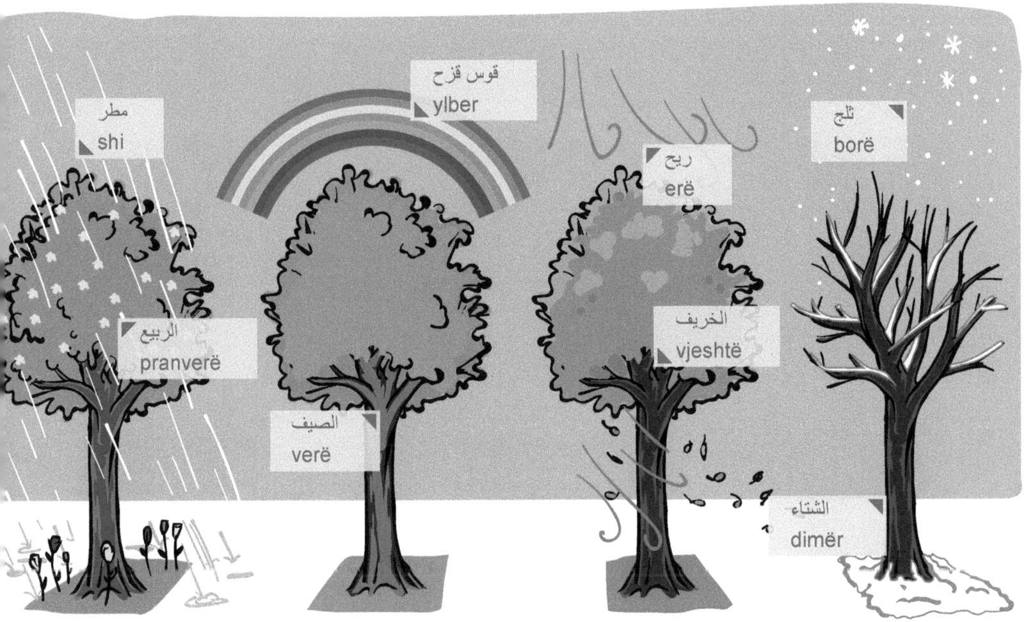
مطر
shi
قوس قزح
ylber
ريح
erë
ثلج
borë
الربيع
pranverë
الصيف
verë
الخريف
vjeshtë
الشتاء
dimër

4.APRIL 11°
5.APRIL 4°
6.APRIL 13°
7.APRIL 8°
8.APRIL 10°

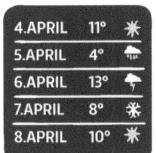

التنبؤ بالحالة الجوية
....
parashikimi i motit

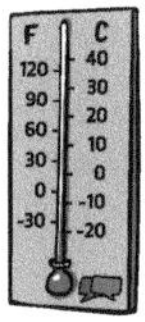
F C
120 40
90 30
60 20
30 10
0 0
-30 -10
-20

مقياس حرارة
....
termometër

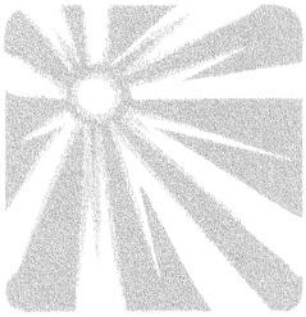

ضوء الشمس
....
ndriçim dielli

سحابة
....
re

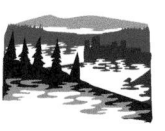

ضباب
....
mjegull

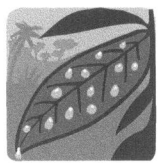

رطوبة الجو
....
lagështi

برق

vetëtima

رعد

gjëmim

عاصفة

stuhi

بَرَد

breshër

ريح موسمية

muson

طوفان

përmbytje

جليد

akull

كانون الثاني / يناير

janar

شباط / فبراير

shkurt

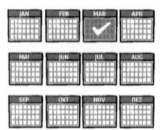

آذار / مارس

mars

نيسان / أبريل

prill

أيار / مايو

maj

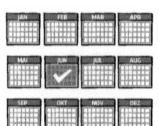

حزيران / يونيو

qershor

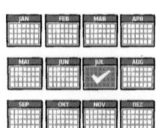

تموز / يوليو

korrik

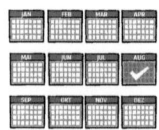

آب / أغسطس

gusht

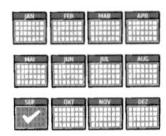

أيلول / سبتمبر
....
shtator

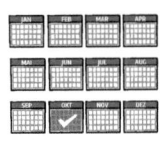

تشرين الأول / أكتوبر
....
tetor

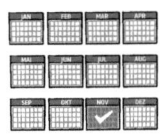

تشرين الثاني / نوفمبر
....
nëntor

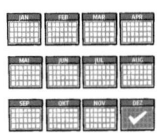

كانون الأول / ديسمبر
....
dhjetor

أشكال

forma

دائرة
....
rreth

مربّع
....
katror

مستطيل
....
drejtkëndësh

مثلّث
....
trekëndësh

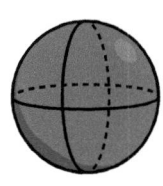

كرة
....
sferë

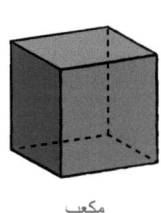

مكعب
....
kub

أبيض

e bardhë

أصفر

e verdhë

برتقالي

portokalli

وردي

rozë

أحمر

e kuqe

بنفسجي

vjollcë

أزرق

blu

أخضر

e gjelbër

بنّي

kafe

رمادي

gri

أسود

e zezë

كثير / قليل

shumë / pak

غضبان / هادئ

i nevrikosur / i qetë

جميل / قبيح

i bukur / i shëmtuar

بداية / نهاية

fillim / fund

كبير / صغير

i madh / i vogël

فاتح / قاتم

i ndritshëm / i errët

أخ / أخت

vëlla / motër

نظيف / وسخ

e pastër / e pistë

كامل / ناقص

e plotë / jo e plotë

نهار / ليل

ditë / natë

ميت / حيّ

gjallë / vdekur

عريض / ضيّق

i gjerë / i ngushtë

صالح للأكل / غير صالح

i ngrënshëm / i
pangrënshëm

شرّير / لطيف

i keq / i këndshëm

مثير / ممل

i lumtur / i mërzitur

سمين / نحيف

i shëndoshë / i dobët

أولاً / أخيراً

e para / e fundit

صديق / عدو

mik / armik

مليء / فارغ

plot / bosh

صلب / لين

e fortë / e butë

ثقيل / خفيف

e rëndë / e lehtë

جوع / عطش

uri / etje

مريض / صحيح

i sëmurë / i shëndetshëm

غير شرعي / شرعي

e paligjshme / e ligjshme

ذكي / غبي

i zgjuar / budalla

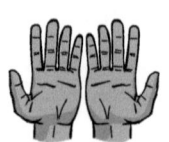

يسار / يمين

majtas / djathtas

قريب / بعيد

afër / larg

جديد / مستعمل

e re / e përdorur

لا شيء / بعض الشيء

asgjë / diçka

مسن / شاب

i moshuar / i ri

يشعل / يطفئ

ndezur / fikur

مفتوح / مغلق

hapur / mbyllur

خافت / عالٍ

i qetë / i zhurmshëm

غني / فقير

i pasur / i varfër

صح / خطأ

e drejtë / e gabuar

أخرش / أملس

i ashpër / i butë

حزين / سعيد

i mërzitur / i lumtur

قصير / طويل

i shkurtër / i gjatë

بطيء / سريع

ngadalë / shpejt

مبلول / جاف

i lagësht / i thatë

ساخن / بارد

ngrohtë / freskët

حرب / سلم

luftë / paqe

0	**1**	**2**
صفر	واحد	اثنان
zero	një	dy
3	**4**	**5**
ثلاثة	أربعة	خمسة
tre	katër	pesë
6	**7**	**8**
ستة	سبعة	ثمانية
gjashtë	shtatë	tetë
9	**10**	**11**
تسعة	عشرة	أحد عشر
nentë	dhjetë	njëmbëdhjetë

12

اثنا عشر

dymbëdhjetë

13

ثلاثة عشر

trembëdhjetë

14

أربعة عشر

katërmbëdhjetë

15

خمسة عشر

pesëmbëdhjetë

16

ستة عشر

gjashtëmbëdhjetë

17

سبعة عشر

shtatëmbëdhjetë

18

ثمانية عشر

tetëmbëdhjetë

19

تسعة عشر

nentëmbëdhjetë

20

عشرون

njëzetë

100

مائة

qind

1.000

ألف

mijë

1.000.000

مليون

milion

الإنكليزية

anglisht

الإنكليزية الأمريكية

anglishte amerikane

لغة ماندارين الصينية

kinezisht mandarin

الهندية

hindi

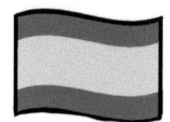

الإسبانية

spanjisht

الفرنسية

frëngjisht

العربية

arabisht

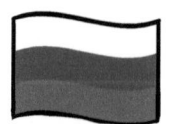

الروسية

rusisht

البرتغالية

portugalisht

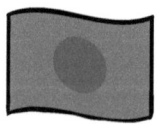

البنغالية

bengalisht

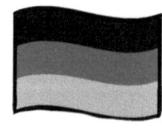

الألمانية

gjermanisht

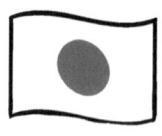

اليابانية

japonisht

أنا

unë

أنت

ti

هو / هي

ai / ajo

نحن

ne

أنتم

ju

هم

ata

من؟

kush?

ماذا؟

çfarë?

كيف؟

si?

أين؟

ku?

متى؟

kur?

أسم

emër

خلف
....
pas

في
....
në

أمام
....
përballë

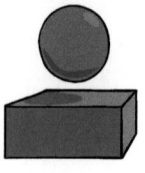

فوق
....
sipër

على
....
mbi

تحت
....
poshtë

جنب
....
pranë

بين
....
midis

مكان
....
vend